THIS BOOK BELONGS TO:

CONTACT INFORMATION	
NAME	
ADDRESS	
PHONE #	
EMAIL	

Copyright © Teresa Rother
All rights reserved. No part of this publication may be reproduced, distributed, or transmitted in any form or by any means, including photocopy, recording, or other electronic or mechanical methods.

DEDICATION

This Pantry Inventory Log Book is dedicated to people who want to create an inventory and document food purchases and storage supplies.

You are my inspiration for producing this book and I'm honored to be a part of your record-keeping and organization.

HOW TO USE THIS BOOK

This Pantry Inventory Log Book will help you by accurately planning, recording, and organizing your information.

Here are examples of information for you to fill in and write the details of your logbook.

Fill in the following information:

1. Shopping List - checklist and blank lines for meat/canned fish, dried good, vegetables, canned fruit

2. Freezer Inventory - record date, category, food item, expiration date, size, number of units

3. Refrigerator Inventory - record date, category, food item, expiration date, size, number of units

4. Pantry Inventory - record date, category, food item, expiration date, size, number of units

SHOPPING LIST

MEAT/CANNED FISH	DRIED GOODS
☐	☐
☐	☐
☐	☐
☐	☐
☐	☐
☐	☐
☐	☐
☐	☐
☐	☐
☐	☐
☐	☐
☐	☐
☐	☐
☐	☐
☐	☐
☐	☐
☐	☐
☐	☐
☐	☐
☐	☐
☐	☐
☐	☐
☐	☐
☐	☐
☐	☐
☐	☐
☐	☐
☐	☐
☐	☐
☐	☐

SHOPPING LIST

VEGETABLES	CANNED FRUIT
☐	☐
☐	☐
☐	☐
☐	☐
☐	☐
☐	☐
☐	☐
☐	☐
☐	☐
☐	☐
☐	☐
☐	☐
☐	☐
☐	☐
☐	☐
☐	☐
☐	☐
☐	☐
☐	☐
☐	☐
☐	☐
☐	☐
☐	☐
☐	☐
☐	☐
☐	☐
☐	☐
☐	☐
☐	☐
☐	☐

SHOPPING LIST

MEAT/CANNED FISH	DRIED GOODS
☐	☐
☐	☐
☐	☐
☐	☐
☐	☐
☐	☐
☐	☐
☐	☐
☐	☐
☐	☐
☐	☐
☐	☐
☐	☐
☐	☐
☐	☐
☐	☐
☐	☐
☐	☐
☐	☐
☐	☐
☐	☐
☐	☐
☐	☐
☐	☐
☐	☐
☐	☐
☐	☐
☐	☐
☐	☐

SHOPPING LIST

VEGETABLES	CANNED FRUIT
☐	☐
☐	☐
☐	☐
☐	☐
☐	☐
☐	☐
☐	☐
☐	☐
☐	☐
☐	☐
☐	☐
☐	☐
☐	☐
☐	☐
☐	☐
☐	☐
☐	☐
☐	☐
☐	☐
☐	☐
☐	☐
☐	☐
☐	☐
☐	☐
☐	☐
☐	☐
☐	☐
☐	☐
☐	☐
☐	☐

SHOPPING LIST

MEAT/CANNED FISH	DRIED GOODS
☐	☐
☐	☐
☐	☐
☐	☐
☐	☐
☐	☐
☐	☐
☐	☐
☐	☐
☐	☐
☐	☐
☐	☐
☐	☐
☐	☐
☐	☐
☐	☐
☐	☐
☐	☐
☐	☐
☐	☐
☐	☐
☐	☐
☐	☐
☐	☐
☐	☐
☐	☐
☐	☐
☐	☐
☐	☐
☐	☐

SHOPPING LIST

VEGETABLES	CANNED FRUIT
☐	☐
☐	☐
☐	☐
☐	☐
☐	☐
☐	☐
☐	☐
☐	☐
☐	☐
☐	☐
☐	☐
☐	☐
☐	☐
☐	☐
☐	☐
☐	☐
☐	☐
☐	☐
☐	☐
☐	☐
☐	☐
☐	☐
☐	☐
☐	☐
☐	☐
☐	☐
☐	☐
☐	☐

FREEZER INVENTORY

DATE	CATEGORY	FOOD ITEM	EXP. DATE	SIZE	UNITS

FREEZER INVENTORY

DATE	CATEGORY	FOOD ITEM	EXP. DATE	SIZE	UNITS

FREEZER INVENTORY

DATE	CATEGORY	FOOD ITEM	EXP. DATE	SIZE	UNITS

REFRIGERATOR INVENTORY

DATE	CATEGORY	FOOD ITEM	EXP. DATE	SIZE	UNITS

REFRIGERATOR INVENTORY

DATE	CATEGORY	FOOD ITEM	EXP. DATE	SIZE	UNITS

REFRIGERATOR INVENTORY

DATE	CATEGORY	FOOD ITEM	EXP. DATE	SIZE	UNITS

PANTRY INVENTORY

DATE	CATEGORY	FOOD ITEM	EXP. DATE	SIZE	UNITS

PANTRY INVENTORY

DATE	CATEGORY	FOOD ITEM	EXP. DATE	SIZE	UNITS

PANTRY INVENTORY

DATE	CATEGORY	FOOD ITEM	EXP. DATE	SIZE	UNITS

PANTRY INVENTORY

DATE	CATEGORY	FOOD ITEM	EXP. DATE	SIZE	UNITS

PANTRY INVENTORY

DATE	CATEGORY	FOOD ITEM	EXP. DATE	SIZE	UNITS

PANTRY INVENTORY

DATE	CATEGORY	FOOD ITEM	EXP. DATE	SIZE	UNITS

PANTRY INVENTORY

DATE	CATEGORY	FOOD ITEM	EXP. DATE	SIZE	UNITS

PANTRY INVENTORY

DATE	CATEGORY	FOOD ITEM	EXP. DATE	SIZE	UNITS

PANTRY INVENTORY

DATE	CATEGORY	FOOD ITEM	EXP. DATE	SIZE	UNITS

PANTRY INVENTORY

DATE	CATEGORY	FOOD ITEM	EXP. DATE	SIZE	UNITS

PANTRY INVENTORY

DATE	CATEGORY	FOOD ITEM	EXP. DATE	SIZE	UNITS

PANTRY INVENTORY

DATE	CATEGORY	FOOD ITEM	EXP. DATE	SIZE	UNITS

PANTRY INVENTORY

DATE	CATEGORY	FOOD ITEM	EXP. DATE	SIZE	UNITS

PANTRY INVENTORY

DATE	CATEGORY	FOOD ITEM	EXP. DATE	SIZE	UNITS

PANTRY INVENTORY

DATE	CATEGORY	FOOD ITEM	EXP. DATE	SIZE	UNITS

PANTRY INVENTORY

DATE	CATEGORY	FOOD ITEM	EXP. DATE	SIZE	UNITS

PANTRY INVENTORY

DATE	CATEGORY	FOOD ITEM	EXP. DATE	SIZE	UNITS

PANTRY INVENTORY

DATE	CATEGORY	FOOD ITEM	EXP. DATE	SIZE	UNITS

PANTRY INVENTORY

DATE	CATEGORY	FOOD ITEM	EXP. DATE	SIZE	UNITS

PANTRY INVENTORY

DATE	CATEGORY	FOOD ITEM	EXP. DATE	SIZE	UNITS

PANTRY INVENTORY

DATE	CATEGORY	FOOD ITEM	EXP. DATE	SIZE	UNITS

SHOPPING LIST

MEAT/CANNED FISH	DRIED GOODS
☐	☐
☐	☐
☐	☐
☐	☐
☐	☐
☐	☐
☐	☐
☐	☐
☐	☐
☐	☐
☐	☐
☐	☐
☐	☐
☐	☐
☐	☐
☐	☐
☐	☐
☐	☐
☐	☐
☐	☐
☐	☐
☐	☐
☐	☐
☐	☐
☐	☐
☐	☐
☐	☐
☐	☐
☐	☐

SHOPPING LIST

VEGETABLES	CANNED FRUIT
☐	☐
☐	☐
☐	☐
☐	☐
☐	☐
☐	☐
☐	☐
☐	☐
☐	☐
☐	☐
☐	☐
☐	☐
☐	☐
☐	☐
☐	☐
☐	☐
☐	☐
☐	☐
☐	☐
☐	☐
☐	☐
☐	☐
☐	☐
☐	☐
☐	☐
☐	☐
☐	☐
☐	☐
☐	☐

SHOPPING LIST

MEAT/CANNED FISH	DRIED GOODS
☐	☐
☐	☐
☐	☐
☐	☐
☐	☐
☐	☐
☐	☐
☐	☐
☐	☐
☐	☐
☐	☐
☐	☐
☐	☐
☐	☐
☐	☐
☐	☐
☐	☐
☐	☐
☐	☐
☐	☐
☐	☐
☐	☐
☐	☐
☐	☐
☐	☐
☐	☐
☐	☐
☐	☐
☐	☐
☐	☐

SHOPPING LIST

VEGETABLES	CANNED FRUIT
☐	☐
☐	☐
☐	☐
☐	☐
☐	☐
☐	☐
☐	☐
☐	☐
☐	☐
☐	☐
☐	☐
☐	☐
☐	☐
☐	☐
☐	☐
☐	☐
☐	☐
☐	☐
☐	☐
☐	☐
☐	☐
☐	☐
☐	☐
☐	☐
☐	☐
☐	☐
☐	☐
☐	☐

SHOPPING LIST

MEAT/CANNED FISH	DRIED GOODS
☐	☐
☐	☐
☐	☐
☐	☐
☐	☐
☐	☐
☐	☐
☐	☐
☐	☐
☐	☐
☐	☐
☐	☐
☐	☐
☐	☐
☐	☐
☐	☐
☐	☐
☐	☐
☐	☐
☐	☐
☐	☐
☐	☐
☐	☐
☐	☐
☐	☐
☐	☐
☐	☐
☐	☐
☐	☐
☐	☐

SHOPPING LIST

VEGETABLES	CANNED FRUIT
☐	☐
☐	☐
☐	☐
☐	☐
☐	☐
☐	☐
☐	☐
☐	☐
☐	☐
☐	☐
☐	☐
☐	☐
☐	☐
☐	☐
☐	☐
☐	☐
☐	☐
☐	☐
☐	☐
☐	☐
☐	☐
☐	☐
☐	☐
☐	☐
☐	☐
☐	☐
☐	☐
☐	☐
☐	☐
☐	☐

FREEZER INVENTORY

DATE	CATEGORY	FOOD ITEM	EXP. DATE	SIZE	UNITS

FREEZER INVENTORY

DATE	CATEGORY	FOOD ITEM	EXP. DATE	SIZE	UNITS

FREEZER INVENTORY

DATE	CATEGORY	FOOD ITEM	EXP. DATE	SIZE	UNITS

REFRIGERATOR INVENTORY

DATE	CATEGORY	FOOD ITEM	EXP. DATE	SIZE	UNITS

REFRIGERATOR INVENTORY

DATE	CATEGORY	FOOD ITEM	EXP. DATE	SIZE	UNITS

REFRIGERATOR INVENTORY

DATE	CATEGORY	FOOD ITEM	EXP. DATE	SIZE	UNITS

PANTRY INVENTORY

DATE	CATEGORY	FOOD ITEM	EXP. DATE	SIZE	UNITS

PANTRY INVENTORY

DATE	CATEGORY	FOOD ITEM	EXP. DATE	SIZE	UNITS

PANTRY INVENTORY

DATE	CATEGORY	FOOD ITEM	EXP. DATE	SIZE	UNITS

PANTRY INVENTORY

DATE	CATEGORY	FOOD ITEM	EXP. DATE	SIZE	UNITS

PANTRY INVENTORY

DATE	CATEGORY	FOOD ITEM	EXP. DATE	SIZE	UNITS

PANTRY INVENTORY

DATE	CATEGORY	FOOD ITEM	EXP. DATE	SIZE	UNITS

PANTRY INVENTORY

DATE	CATEGORY	FOOD ITEM	EXP. DATE	SIZE	UNITS

PANTRY INVENTORY

DATE	CATEGORY	FOOD ITEM	EXP. DATE	SIZE	UNITS

PANTRY INVENTORY

DATE	CATEGORY	FOOD ITEM	EXP. DATE	SIZE	UNITS

PANTRY INVENTORY

DATE	CATEGORY	FOOD ITEM	EXP. DATE	SIZE	UNITS

PANTRY INVENTORY

DATE	CATEGORY	FOOD ITEM	EXP. DATE	SIZE	UNITS

PANTRY INVENTORY

DATE	CATEGORY	FOOD ITEM	EXP. DATE	SIZE	UNITS

PANTRY INVENTORY

DATE	CATEGORY	FOOD ITEM	EXP. DATE	SIZE	UNITS

PANTRY INVENTORY

DATE	CATEGORY	FOOD ITEM	EXP. DATE	SIZE	UNITS

PANTRY INVENTORY

DATE	CATEGORY	FOOD ITEM	EXP. DATE	SIZE	UNITS

PANTRY INVENTORY

DATE	CATEGORY	FOOD ITEM	EXP. DATE	SIZE	UNITS

PANTRY INVENTORY

DATE	CATEGORY	FOOD ITEM	EXP. DATE	SIZE	UNITS

PANTRY INVENTORY

DATE	CATEGORY	FOOD ITEM	EXP. DATE	SIZE	UNITS

PANTRY INVENTORY

DATE	CATEGORY	FOOD ITEM	EXP. DATE	SIZE	UNITS

PANTRY INVENTORY

DATE	CATEGORY	FOOD ITEM	EXP. DATE	SIZE	UNITS

PANTRY INVENTORY

DATE	CATEGORY	FOOD ITEM	EXP. DATE	SIZE	UNITS

SHOPPING LIST

MEAT/CANNED FISH	DRIED GOODS
☐	☐
☐	☐
☐	☐
☐	☐
☐	☐
☐	☐
☐	☐
☐	☐
☐	☐
☐	☐
☐	☐
☐	☐
☐	☐
☐	☐
☐	☐
☐	☐
☐	☐
☐	☐
☐	☐
☐	☐
☐	☐
☐	☐
☐	☐
☐	☐
☐	☐
☐	☐
☐	☐
☐	☐
☐	☐
☐	☐

SHOPPING LIST

VEGETABLES	CANNED FRUIT
☐	☐
☐	☐
☐	☐
☐	☐
☐	☐
☐	☐
☐	☐
☐	☐
☐	☐
☐	☐
☐	☐
☐	☐
☐	☐
☐	☐
☐	☐
☐	☐
☐	☐
☐	☐
☐	☐
☐	☐
☐	☐
☐	☐
☐	☐
☐	☐
☐	☐
☐	☐
☐	☐
☐	☐
☐	☐
☐	☐

SHOPPING LIST

MEAT/CANNED FISH	DRIED GOODS
☐	☐
☐	☐
☐	☐
☐	☐
☐	☐
☐	☐
☐	☐
☐	☐
☐	☐
☐	☐
☐	☐
☐	☐
☐	☐
☐	☐
☐	☐
☐	☐
☐	☐
☐	☐
☐	☐
☐	☐
☐	☐
☐	☐
☐	☐
☐	☐
☐	☐
☐	☐
☐	☐
☐	☐
☐	☐
☐	☐

SHOPPING LIST

VEGETABLES	CANNED FRUIT
☐	☐
☐	☐
☐	☐
☐	☐
☐	☐
☐	☐
☐	☐
☐	☐
☐	☐
☐	☐
☐	☐
☐	☐
☐	☐
☐	☐
☐	☐
☐	☐
☐	☐
☐	☐
☐	☐
☐	☐
☐	☐
☐	☐
☐	☐
☐	☐
☐	☐
☐	☐
☐	☐
☐	☐
☐	☐

SHOPPING LIST

MEAT/CANNED FISH	DRIED GOODS
☐	☐
☐	☐
☐	☐
☐	☐
☐	☐
☐	☐
☐	☐
☐	☐
☐	☐
☐	☐
☐	☐
☐	☐
☐	☐
☐	☐
☐	☐
☐	☐
☐	☐
☐	☐
☐	☐
☐	☐
☐	☐
☐	☐
☐	☐
☐	☐
☐	☐
☐	☐
☐	☐
☐	☐
☐	☐

SHOPPING LIST

VEGETABLES	CANNED FRUIT
☐	☐
☐	☐
☐	☐
☐	☐
☐	☐
☐	☐
☐	☐
☐	☐
☐	☐
☐	☐
☐	☐
☐	☐
☐	☐
☐	☐
☐	☐
☐	☐
☐	☐
☐	☐
☐	☐
☐	☐
☐	☐
☐	☐
☐	☐
☐	☐
☐	☐
☐	☐
☐	☐
☐	☐
☐	☐

FREEZER INVENTORY

DATE	CATEGORY	FOOD ITEM	EXP. DATE	SIZE	UNITS

FREEZER INVENTORY

DATE	CATEGORY	FOOD ITEM	EXP. DATE	SIZE	UNITS

FREEZER INVENTORY

DATE	CATEGORY	FOOD ITEM	EXP. DATE	SIZE	UNITS

REFRIGERATOR INVENTORY

DATE	CATEGORY	FOOD ITEM	EXP. DATE	SIZE	UNITS

REFRIGERATOR INVENTORY

DATE	CATEGORY	FOOD ITEM	EXP. DATE	SIZE	UNITS

REFRIGERATOR INVENTORY

DATE	CATEGORY	FOOD ITEM	EXP. DATE	SIZE	UNITS

PANTRY INVENTORY

DATE	CATEGORY	FOOD ITEM	EXP. DATE	SIZE	UNITS

PANTRY INVENTORY

DATE	CATEGORY	FOOD ITEM	EXP. DATE	SIZE	UNITS

PANTRY INVENTORY

DATE	CATEGORY	FOOD ITEM	EXP. DATE	SIZE	UNITS

PANTRY INVENTORY

DATE	CATEGORY	FOOD ITEM	EXP. DATE	SIZE	UNITS

PANTRY INVENTORY

DATE	CATEGORY	FOOD ITEM	EXP. DATE	SIZE	UNITS

PANTRY INVENTORY

DATE	CATEGORY	FOOD ITEM	EXP. DATE	SIZE	UNITS

PANTRY INVENTORY

DATE	CATEGORY	FOOD ITEM	EXP. DATE	SIZE	UNITS

PANTRY INVENTORY

DATE	CATEGORY	FOOD ITEM	EXP. DATE	SIZE	UNITS

PANTRY INVENTORY

DATE	CATEGORY	FOOD ITEM	EXP. DATE	SIZE	UNITS

PANTRY INVENTORY

DATE	CATEGORY	FOOD ITEM	EXP. DATE	SIZE	UNITS

PANTRY INVENTORY

DATE	CATEGORY	FOOD ITEM	EXP. DATE	SIZE	UNITS

PANTRY INVENTORY

DATE	CATEGORY	FOOD ITEM	EXP. DATE	SIZE	UNITS

PANTRY INVENTORY

DATE	CATEGORY	FOOD ITEM	EXP. DATE	SIZE	UNITS

PANTRY INVENTORY

DATE	CATEGORY	FOOD ITEM	EXP. DATE	SIZE	UNITS

PANTRY INVENTORY

DATE	CATEGORY	FOOD ITEM	EXP. DATE	SIZE	UNITS

PANTRY INVENTORY

DATE	CATEGORY	FOOD ITEM	EXP. DATE	SIZE	UNITS

PANTRY INVENTORY

DATE	CATEGORY	FOOD ITEM	EXP. DATE	SIZE	UNITS

PANTRY INVENTORY

DATE	CATEGORY	FOOD ITEM	EXP. DATE	SIZE	UNITS

PANTRY INVENTORY

DATE	CATEGORY	FOOD ITEM	EXP. DATE	SIZE	UNITS

PANTRY INVENTORY

DATE	CATEGORY	FOOD ITEM	EXP. DATE	SIZE	UNITS

PANTRY INVENTORY

DATE	CATEGORY	FOOD ITEM	EXP. DATE	SIZE	UNITS

www.ingramcontent.com/pod-product-compliance
Lightning Source LLC
Chambersburg PA
CBHW071421070526
44578CB00003B/651